8° F Pièce 2587

AF468619
1896

ESSAI

SUR LA PERSISTANCE DE L'INSAISISSABILITÉ DOTALE

AU CAS

DE TRANSFORMATION DE LA DOT

APRÈS LA DISSOLUTION DU MARIAGE

PAR

PIERRE REGNAULT

DOCTEUR EN DROIT.

Extrait de la REVUE CRITIQUE DE LÉGISLATION ET DE JURISPRUDENCE.

PARIS

LIBRAIRIE COTILLON

F. PICHON, SUCCESSEUR, IMPRIMEUR-ÉDITEUR,

Libraire du Conseil d'État et de la Société de législation comparée

24, RUE SOUFFLOT, 24

—

1896

ESSAI

SUR LA PERSISTANCE DE L'INSAISISSABILITÉ DOTALE

AU CAS

DE TRANSFORMATION DE LA DOT

APRÈS LA DISSOLUTION DU MARIAGE

BIBLIOTHÈQUE ... R.F. ... IMPRIMÉS

PAR

PIERRE REGNAULT
DOCTEUR EN DROIT.

Extrait de la Revue critique de législation et de jurisprudence.

PARIS

LIBRAIRIE COTILLON

F. PICHON, SUCCESSEUR, IMPRIMEUR-ÉDITEUR,

Libraire du Conseil d'État et de la Société de législation comparée

24, RUE SOUFFLOT, 24

—

1896

Pièce
8° F
2587

ESSAI
SUR LA PERSISTANCE DE L'INSAISISSABILITÉ DOTALE
AU CAS
DE TRANSFORMATION DE LA DOT
APRÈS LA DISSOLUTION DU MARIAGE

INTRODUCTION.

Le régime dotal a pour but pratique et économique à l'heure actuelle de permettre de constituer à la famille une sorte de patrimoine de réserve, qui, autant que possible, sera protégé contre les actes de dissipation de l'un ou l'autre des époux. C'est pour ceux-ci le moyen d'assurer une suprême ressource, en cas de rèvers de fortune, à la famille nouvelle qu'ils vont fonder.

Aussi les effets de la dotalité ne se limitent-ils pas exactement à la durée du mariage, mais persistent dans une certaine mesure même après la dissolution de celui-ci. Le régime dotal ne frappe pas seulement les biens dotaux d'indisponibilité pendant le mariage, en les plaçant pour ainsi dire hors du commerce, il rend la femme, c'est du moins la doctrine qui a prévalu, incapable de s'obliger pendant le mariage sur sa fortune dotale (1).

(1) Il ne s'agit d'ailleurs pas là d'une incapacité générale et absolue, s'étendant à tout le patrimoine de la femme et subsistant pendant toute la vie de celle-ci, mais d'une incapacité purement relative, qui ne dure que pendant le mariage et qui n'a d'effets que relativement à la dot. C'est en quelque sorte, a-t-on dit (M. Lyon-Caen, en note, S. 1876. II. 65), une incapacité « réelle », en ce sens que la femme n'en est frappée que quant à ses biens dotaux.

De cette conception de la dotalité il résulte que les obligations, qui auraient été contractées par la femme pendant le mariage, ne seront susceptibles d'aucune exécution sur les biens dotaux même après la dissolution de l'union conjugale. Sans doute à partir de ce moment la dot redevient de libre disposition : les créanciers, avec lesquels la femme ou ses héritiers auront traité après la dissolution du mariage, peuvent en opérer la saisie ; mais ceci n'est vrai que pour l'avenir, que pour les obligations, qui auront été contractées après la dissolution du mariage. Au contraire les biens dotaux ne sauraient être saisis par les créanciers, envers lesquels la femme se serait obligée pendant le mariage, puisque leur créance, quant à la dot, est entachée de nullité ; le seul fait de la dissolution du mariage, en replaçant désormais la dot sous l'empire du droit commun, ne peut en effet suffire à valider rétroactivement une obligation, qui, dès l'origine, était frappée de nullité.

Après la dissolution du mariage il subsiste donc un effet de la dotalité, l'insaisissabilité des biens dotaux ; mais une insaisissabilité purement relative, qui n'existe qu'à l'égard des créanciers dont le titre est contemporain du mariage (1), et qui pourra du reste être opposée soit par la femme elle-même soit par ses héritiers (2).

Cette persistance d'une insaisissabilité relative de la dot, après la dissolution du mariage, est la conséquence de cette idée que le régime dotal a non seulement pour but de donner satisfaction aux intérêts temporaires de la société conjugale, en assurant aux

(1) Cass. req. 7 juin 1882, S. 1885. I. 220.

(2) Un arrêt de la Cour de Paris du 9 juin 1856 (D. 1856. II. 232 ; S. 1856. II. 330) admet même que le légataire universel de la femme pourrait opposer aux créanciers de celle-ci l'insaisissabilité des biens dotaux. D'après cet arrêt, à quelque source que les héritiers de la femme aient puisé leur droit, ils peuvent soustraire le fonds dotal à l'exécution des engagements qu'elle a pu contracter pendant le mariage. D'ailleurs, dans l'espèce qui lui était soumise, la Cour de Paris décida que le légataire universel de la femme ne pouvait plus se prévaloir de l'insaisissabilité dotale, parce que le fonds dotal ayant été aliéné par lui, ce n'était pas l'immeuble dotal lui-même, mais le prix de vente que les créanciers prétendaient saisir : c'est un point sur lequel j'aurai à m'expliquer plus loin.

époux un patrimoine inaliénable et insaisissable pendant la durée du mariage, mais aussi de pourvoir aux intérêts permanents de la famille tout entière (1) ; c'est la conséquence de l'idée que le régime dotal a pour but d'assurer à la femme et aux générations issues de son union un patrimoine intact, à l'abri des fautes, qui ont pu être commises au cours du mariage, et leur permettant de faire face aux nécessités de l'avenir (2).

Il est donc certain qu'après la dissolution du mariage les créanciers de la femme dotale ne sauraient saisir les biens, qui pendant le mariage avaient le caractère de dotalité; mais s'il en est ainsi tant que les valeurs d'origine dotale subsisteront en nature dans le patrimoine de la femme ou de ses héritiers, faudra-t-il donner la même solution au cas de transformation de la dot après la dissolution du mariage?

C'est ce que l'on voudrait essayer de rechercher; on se propose en d'autres termes d'examiner, si les créanciers de la femme dotale auront le droit de saisir le prix des biens dotaux aliénés après la dissolution du mariage, ou les biens, qui après cette dissolution auraient été acquis soit à l'aide de ce prix soit à l'aide de valeurs d'origine dotale.

La question paraît importante et pratique; et cependant l'on est étonné, lorsque l'on parcourt les recueils de jurisprudence, de voir le petit nombre de décisions, qui ont été rendues sur ce point par les tribunaux. C'est ce qui explique sans doute que pour la solution d'une question, qui dépend d'une matière presque tout entière créée par la jurisprudence, il y ait tant d'incertitudes parmi les auteurs (3).

(1) Étienne Bartin, *Études sur le régime dotal*, p. X de la préface. — *Travaux et mémoires des Facultés de Lille*, 1892, t. II, Mémoire n° 7.

(2) D. 1867. III. 29, en note.

(3) M. Labbé est à ma connaissance le seul auteur, qui ait posé le problème d'une manière générale (Labbé, *Revue critique de législation et de jurisprudence*, t. IX, 1856, p. 1 et suiv.); et encore ne s'occupe-t-il que de l'hypothèse, où un bien dotal ayant été aliéné après la dissolution du mariage, les créanciers de la femme prétendent en saisir le prix, ou les biens qui ont été acquis à l'aide de ce prix. C'est négliger le cas qui n'est pas le moins intéressant, celui où une dot en argent ayant été constituée à la femme, des biens ont été acquis après la dissolution du mariage des deniers provenant de cette dot.

I. — Du caractère d'universalité juridique de la dot et de ses conséquences au point de vue de la subrogation réelle.

Il importe tout d'abord de constater que pour l'examen de la question qui nous occupe, l'on supposera admis le système de l'inaliénabilité de la dot mobilière, tel qu'il est établi par une jurisprudence aujourd'hui constante; car, bien que l'on ne soit pas de ceux qui pensent que les rédacteurs du Code civil aient entendu se prononcer pour l'inaliénabilité de la dot mobilière (1), bien que l'on estime même que la jurisprudence eût été mieux inspirée de ne pas faire revivre sur ce point l'ancienne doctrine de nos Parlements de droit écrit, il semble qu'il est quelque peu puéril de s'obstiner encore à combattre purement et simplement le principe de l'inaliénabilité de la dot mobilière. Ce principe est trop profondément entré dans la pratique et dans les mœurs, pour que l'on ne soit pas obligé de s'incliner devant le fait accompli, devant une jurisprudence, qui s'est affirmée avec une singulière énergie et une suite si remarquable dans son développement logique, et qui, il faut bien le reconnaître, a aujourd'hui force de loi (2).

(1) Il est vrai que cette inaliénabilité était admise en principe dans la plupart de nos anciens Parlements de droit écrit (Julien, *Éléments de jurisprudence selon les lois romaines*. L. I, t. IV. § 28 et § 35 à 37, — et Lescœur, *Des origines de la jurisprudence sur l'inaliénabilité de la dot mobilière*, — *Revue critique*, 1875, p. 380 et suiv.); mais il a été dit formellement lors des travaux préparatoires du Code civil (Fenet, t. XIII, p. 750 et 802) que sur les points où l'ancienne doctrine s'en était écartée, l'on entendait revenir aux vrais principes du droit romain; et l'on sait qu'en droit romain les pouvoirs des époux sur la dot étaient limités seulement en ce qui concerne les immeubles dotaux (Gaïus, II, 65. — Loi unique, C. 5. 13, *de rei uxor. act.* — Demangeat, *De la condition du fonds dotal*, p. 12 et suiv.). Cette solution se comprendra d'ailleurs facilement, si l'on observe que les rédacteurs du Code civil étaient en grande majorité hostiles au régime dotal, et que d'ailleurs la règle de l'inaliénabilité de la dot mobilière avait donné lieu dans l'ancien droit à tant de difficultés et d'incertitudes, que l'on pouvait craindre que cette règle ne fît qu'embarrasser l'application du régime dotal.

(2) Quelle que soit l'opinion que l'on ait sur le bien fondé de la jurisprudence relativement à l'inaliénabilité de la dot mobilière, il paraît difficile de

Au reste il est permis de penser que ce n'est pas seulement en fait, mais en droit, que cette jurisprudence a aujourd'hui force légale. Il semble bien, en effet, qu'elle ait été consacrée législativement à une époque de beaucoup postérieure à son établissement définitif par les art. 9 et 20 du décret du 28 février 1852 sur les sociétés de crédit foncier (1).

Aux termes de ces deux textes, lorsqu'un prêt est consenti au mari par le Crédit Foncier, la femme « non mariée sous le régime dotal » peut donner main-levée de son hypothèque légale ou consentir une subrogation à cette hypothèque au profit du Crédit Foncier; ce qui implique bien que, si la femme était mariée sous le régime dotal, il en serait autrement.

Le décret de 1852 fait donc une distinction entre les femmes mariées sous le régime dotal, qui ne peuvent donner main-levée de leur hypothèque ou y subroger (2), et les femmes mariées sous tout autre régime, qui le peuvent au contraire.

souhaiter, comme on l'a fait (Demante et Colmet de Santerre, *Cours analytique de Code civil*, t. VI, n° 233 *bis* XII), un revirement de jurisprudence en pareille matière. Trop d'intérêts considérables sont engagés, trop de contrats de mariage ont été rédigés précisément en vue et en considération de l'inaliénabilité de la dot mobilière, pour que la jurisprudence puisse raisonnablement et équitablement abandonner le point de vue auquel elle s'est placée jusqu'ici : abandonner la doctrine de l'inaliénabilité de la dot mobilière serait, il ne faut pas hésiter à le dire, une véritable atteinte portée à des droits acquis. S'il est permis de penser qu'en principe il vaut mieux que les tribunaux s'abstiennent de faire la loi, parce que précisément, lorsqu'il s'opère un changement dans la jurisprudence primitive, ce changement se produit avec effet rétroactif, et porte atteinte aux droits acquis sous l'empire de la jurisprudence antérieure, il n'en est pas moins vrai que lorsqu'une jurisprudence est considérée comme faisant loi non-seulement devant les tribunaux, mais dans la pratique notariale, depuis aussi longtemps que la jurisprudence de l'inaliénabilité de la dot mobilière, la raison même, qui devrait s'opposer à un revirement sur ce point, serait qu'il ne pourrait se produire qu'avec effet rétroactif.

(1) On sait que ce décret a été rendu dans une période dictatoriale, alors que le chef de l'État cumulait à la fois le pouvoir exécutif et le pouvoir législatif.

(2) « On est forcé de reconnaître, disent MM. Aubry et Rau (*Cours de* « *droit civil français*, t. V, § 537 *bis*, p. 601, note 12), que si la femme ne « peut ni subroger ni renoncer à l'hypothèque légale qui lui est accordée

Tout d'abord il ne paraît guère possible de soutenir qu'il y ait là une décision spéciale au Crédit Foncier, car évidemment si les rédacteurs du décret de 1852 avaient pu prévoir un revirement dans la jurisprudence en ce qui concerne l'inaliénabilité de la dot mobilière, ils n'auraient pas inséré dans le texte des art. 9 et 20 des dispositions, qui auraient mis le Crédit Foncier dans une situation inférieure à celle des autres établissements de crédit, au cas où plus tard la jurisprudence se serait prononcée pour l'aliénabilité de la dot mobilière.

Il est clair que voulant faciliter autant que possible le développement du crédit immobilier, en favorisant même les sociétés de crédit foncier par des dérogations au droit commun, il ne pouvait être dans leurs intentions d'apporter d'inutiles entraves à leur fonctionnement.

Si donc ils considéraient que la femme mariée sous le régime dotal ne pouvait subroger le Crédit Foncier à son hypothèque légale ou en donner mainlevée, et s'ils l'écrivaient expressément dans le texte du décret, c'est qu'ils regardaient l'inaliénabilité de la dot mobilière comme définitivement établie en droit (1).

« pour assurer la restitution de ses reprises dotales, ce n'est là qu'une con« séquence de l'impossibilité, où elle se trouve, de céder ses reprises elles« mêmes, c'est-à-dire de l'inaliénabilité de la dot mobilière. »

(1) Il est vrai que l'on peut objecter que l'art. 20 du décret du 28 février 1852 a été modifié par une loi du 10 juin 1853, et que dans le nouvel article 20 il n'est plus parlé de l'impossibilité pour la femme dotale de subroger le Crédit Foncier à son hypothèque légale; mais, bien qu'on ne trouve sur les motifs de ce changement de texte aucune explication dans les travaux préparatoires de la loi de 1853 (Voir les travaux préparatoires dans Josseau, *Traité du Crédit Foncier*, t. II, p. 558 et suiv.), il n'y a pas lieu de penser que les rédacteurs de cette loi aient entendu apporter aucune modification aux principes qui avaient été posés dans l'ancien art. 20, en ce qui concerne la capacité pour la femme mariée de subroger à son hypothèque légale. Bien mieux, on rejeta purement et simplement un amendement, qui avait pour objet de permettre au Crédit Foncier de prêter dans certaines conditions sur les immeubles du mari affectés à l'hypothèque légale de la femme mariée sous le régime dotal, parce qu'autrement, disait l'auteur de cet amendement, comme les sociétés de crédit foncier ne sauraient être subrogées à l'hypothèque légale de la femme mariée sous le régime dotal, ces sociétés ne pourraient fonctionner dans le Midi de la

De ce que la dot mobilière est inaliénable au regard de la femme au même titre que la dot immobilière (1), il résulte que la dot tout entière, quels qu'en soient les éléments, mobiliers ou immobiliers, échappe au droit de saisie des créanciers, avec lesquels la femme aurait contracté pendant le mariage. On peut dire que, dans cette conception nouvelle de la dot, le patrimoine de la femme se divise en deux parties : le patrimoine dotal, sur lequel les créanciers de la femme ne peuvent en principe acquérir aucun droit, et le patrimoine paraphernal, sur lequel ils peuvent au contraire librement exercer leur droit de saisie.

La dot constitue ainsi une véritable universalité juridique (2), distincte du patrimoine général de la femme, non seulement en ce que la jouissance en appartient au mari (3), non seulement en

France, où la presque totalité des mariages se font sous ce régime (Josseau, *Traité du Crédit Foncier*, t. II, p. 568 et 569); ce rejet impliquait bien que l'on considérait comme toujours en vigueur le principe que la femme dotale ne pouvait subroger le Crédit Foncier à son hypothèque légale : car il fut observé que, pour l'hypothèse particulière d'un immeuble frappé de l'hypothèque légale d'une femme dotale, il y aurait des inconvénients à déroger à la règle d'après laquelle les sociétés de crédit foncier « ne peuvent prêter que sur première hypothèque ». Il résulte de cette observation que les rédacteurs de la loi de 1853 pensaient que les sociétés de crédit foncier ne sauraient avoir de première hypothèque sur un immeuble du mari, alors que les époux sont mariés sous le régime dotal, et s'il en est ainsi, c'est évidemment parce que la femme, étant mariée sous le régime dotal, ne peut par là même consentir une subrogation à son hypothèque légale.

Il est d'ailleurs à remarquer que l'art. 9 du décret de 1852 n'a pas été modifié par la loi de 1853.

(1) Il ne faut pas oublier que sous le régime dotal pur, ce qui est véritablement inaliénable, c'est la créance en reprises de la femme, puisque la jurisprudence, conforme en cela à la tradition des anciens Parlements de droit écrit, reconnaît au mari le droit d'aliéner seul les meubles dotaux et de les engager par ses obligations. Ce n'est que lorsque le régime dotal a été modifié par la séparation de biens, que la femme reprenant l'administration de sa dot, l'inaliénabilité s'applique dans les mêmes termes et a une signification identique en ce qui concerne les meubles et les immeubles dotaux (Cass. 29 juillet 1862, S. 1863. I. 443).

(2) Etienne Bartin, *Études sur le régime dotal :* p. X et XI de la préface. — *Travaux et mémoires des Facultés de Lille*, 1892, t. II, Mémoire n° 7. — Labbé, *Revue critique*, 1856, t. IX, p. 1 et suiv., n° 29.

(3) Ce n'est pas là du reste un des traits véritablement essentiels du pa-

ce qu'elle ne peut être aliénée par la femme dans aucun de ses éléments, mais aussi et surtout en ce que les créanciers de celle-ci ne peuvent faire porter sur elle leur droit de saisie.

C'est cette insaisissabilité, c'est cette mise de la dot hors du droit de gage général des créanciers de la femme, qui constitue véritablement aujourd'hui le trait caractéristique de la dot, qui en fait une universalité juridique distincte du patrimoine de la femme (1). C'est par cette insaisissabilité, qui persiste d'une manière relative, qu'après la dissolution du mariage, alors que cependant on ne peut plus parler, au sens propre du mot, ni de dot ni de biens dotaux, tout lien ne se trouve pas rompu entre cet ensemble de biens, qui pendant le mariage constituaient la dot de la femme.

Il est bien évident que, le mariage dissous, il ne peut plus être question d'un ensemble de biens destinés à subvenir aux charges du mariage et dans ce but déclarés inaliénables; à ce point de vue les biens, qui étaient dotaux pendant le mariage, rentrent désormais dans le droit commun. Pour l'avenir, pour les tiers, qui après la dissolution du mariage traiteront avec la femme (2), les biens dotaux rentrent dans le patrimoine général de celle-ci et se confondent avec lui; mais s'il en est ainsi pour l'avenir, il n'en est pas moins vrai, comme je l'ai déjà fait remarquer, qu'au regard des créanciers contemporains du mariage la dot subsiste, en ce sens qu'ils ne peuvent faire porter sur elle leur droit d'exécution. Si

trimoine dotal, puisque, s'il y a séparation de biens, quoique la femme recouvre alors la jouissance de sa dot, celle-ci ne subsiste pas moins comme universalité distincte et séparée du patrimoine de la femme dotale.

(1) Dans la pratique, en effet, lorsque l'on adopte le régime dotal, on écarte la règle d'inaliénabilité absolue de l'art. 1554 du C. Civ. : on stipule soit, et ce sera le cas le plus fréquent, que les biens dotaux seront aliénables sous condition de remploi, soit même qu'ils pourront être aliénés purement et simplement. En pareil cas, bien que l'inaliénabilité soit écartée, il ne reste pas moins vrai qu'à moins d'une clause expresse dans le contrat de mariage, les créanciers de la femme ne pourront saisir les biens dotaux. (Aubry et Rau, *Cours de droit civil français*, § 537, p. 576, texte et note 659).

(2) Je suppose, pour ne pas compliquer, que le mariage ayant été dissous par un divorce ou par la mort du mari, c'est la femme elle-même qui a repris sa dot; mais les solutions seraient les mêmes, si, par suite de la mort de la femme, la dot avait été recueillie par les héritiers de celle-ci.

donc les biens, qui étaient dotaux pendant le mariage, ont repris leur individualité pour l'avenir, ils ne subsistent pas moins après la dissolution du mariage comme toujours réunis par un lien commun, à savoir l'insaisissabilité de la dot, en ce qui concerne les tiers qui pendant le mariage ont traité avec la femme dotale.

Il en est en somme de la dot comme de l'hérédité, qui, bien que désormais elle se confonde avec le patrimoine de l'héritier, continuera, grâce à la séparation des patrimoines, à constituer en faveur des créanciers héréditaires une universalité distincte de ce patrimoine. Seulement, tandis que dans ce dernier cas c'est en faveur des créanciers héréditaires que s'opérera la séparation du patrimoine du défunt et de celui de l'héritier, lorsqu'il s'agira de la dot, c'est contre les créanciers, qui auront contracté avec la femme pendant le mariage, qu'on continuera à traiter la dot comme une universalité juridique distincte du patrimoine de la femme.

Si j'insiste tout particulièrement sur le caractère d'universalité juridique de la dot, caractère qui subsiste après la dissolution du mariage, en ce sens que dans son ensemble et dans tous ses éléments la dot échappe au droit de saisie des créanciers, qui pendant le mariage ont contracté avec la femme dotale, c'est que d'après moi la solution de notre question doit se trouver précisément dans le caratère même d'universalitéjuridique de la dot.

Quelle est en effet la question qu'il s'agit de résoudre? C'est une question de subrogation; il s'agit de savoir si le prix des biens dotaux aliénés après la dissolution du mariage, ou si les biens, qui après cette dissolution auraient été acquis soit à l'aide de ce prix, soit à l'aide de valeurs d'origine dotale, doivent, au point de vue de la persistance de l'insaisissabilité dotale après la dissolution du mariage, être considérés comme subrogés aux valeurs aliénées.

Or, c'est un principe que dans toute universalité juridique la subrogation réelle se produit de plein droit (1), sans qu'il soit besoin pour cela d'une disposition spéciale de la loi : quand une chose comprise dans une universalité est aliénée à titre onéreux par

(1) Renusson, *Traité de la subrogation*, chap. I, n°s 3 et 4. — Flach, *De la subrogation réelle; Revue historique de droit français et étranger*, t. XIV, 1868, p. 454 et 455.

une personne ayant pouvoir à cet effet, la valeur reçue en échange est considérée comme prenant dans cette universalité la place, qui y était occupée par la chose aliénée.

C'est ce que l'on peut exprimer par la maxime : *in judiciis universalibus pretium succedit loco rei, et res loco preti;* dans une universalité juridique le prix d'une chose, qui est aliénée, la chose, qui est acquise à l'aide de ce prix, sont considérés comme faisant partie de cette universalité au même titre que la chose aliénée elle-même.

Il y a alors subrogation; ce prix, cette chose viennent prendre dans l'universalité la place laissée vide par la chose, qui en est sortie.

On peut dire en définitive que l'universalité est une sorte de cadre à compartiments susceptibles de recevoir des choses de différente nature : que l'on substitue dans un des compartiments de ce cadre une chose nouvelle à l'une des choses qui y étaient comprises, un bien nouveau à l'un de ceux qui y avaient trouvé place, le cadre n'en restera pas moins identiquement le même. Le seul changement qui se sera produit, c'est que des biens nouveaux se trouveront substitués à ceux qui y étaient primitivement renfermés.

Maintenant, que ces principes soient applicables à la matière de la dot, c'est ce qui ne me paraît pas douteux, puisque je crois avoir démontré que, même après la dissolution du mariage, la dot constituait une universalité juridique distincte du patrimoine général de la femme.

Il faut donc décider d'une manière générale, et à moins d'une disposition contraire de la loi, que les biens, qui après la dissolution du mariage auraient été acquis à l'aide de valeurs d'origine dotale, doivent au même titre que celles-ci être considérés comme faisant partie de la dot, ou plus exactement de cet ensemble de biens qui pendant le mariage constituaient la dot de la femme.

D'où cette conséquence que les biens, acquis à l'aide de valeurs d'origine dotale, seront insaisissables, comme ces valeurs elles-mêmes, au regard des créanciers, qui auront contracté avec la femme dotale pendant la durée du mariage. Car, si pour l'avenir, ainsi que je l'ai déjà dit, il ne peut plus être question de dot insaisissable, il n'en est pas moins vrai qu'en ce qui concerne les créanciers contemporains du mariage, la dot subsiste avec son caractère d'insaisissabilité; au regard des créanciers de la femme le patrimoine dotal subsiste même après la dissolution du mariage et continue à être insaisissable dans tous ses éléments mobiliers ou immobiliers.

J'ajoute que si rigoureuse que puisse paraître cette solution, qui est certainement conforme aux principes, il paraît difficile d'admettre que les créanciers de la femme puissent se plaindre; car on ne porte ainsi aucun préjudice à leurs droits, puisqu'on ne modifie à aucun point de vue la situation, qui leur était faite, et qu'ils ont acceptée en consentant à traiter avec une femme mariée sous le régime dotal. Lorsqu'ils ont traité avec la femme, ils ne devaient pas ignorer en effet, puisqu'ils n'avaient pour cela qu'à consulter le contrat de mariage, que la femme étant mariée sous le régime dotal, sa dot tout entière, considérée dans tous ses éléments, mobiliers ou immobiliers, échappait à leur droit de saisie; ils devaient savoir qu'ils n'avaient pu acquérir aucun droit sur le patrimoine dotal de la femme. Dès lors en quoi leur importe-t-il qu'après la dissolution du mariage la femme fasse subir des transformations à ce patrimoine? Celui-ci ne rentre pas dans leur droit de gage général, et ils ne sauraient par conséquent avoir aucun titre à s'occuper des actes, qui ont pu être faits par la femme dans la gestion de ce patrimoine.

Tout ce qu'ils peuvent demander, c'est que l'on n'y fasse pas passer des biens qui devraient faire partie du patrimoine général de la femme, c'est que l'on ne diminue pas à leur détriment la consistance du patrimoine libre de cette dernière.

Or, dans les hypothèses où nous nous sommes placé, rien de semblable n'a eu lieu. La femme était libre de maintenir sa dot dans l'état où elle se trouvait au moment de la dissolution du mariage; elle a, comme elle en avait incontestablement le droit, fait subir des transformations à cette dot au point de vue des éléments, qui la composaient : mais, bien que ces éléments aient changé, bien que des valeurs nouvelles aient été substituées aux anciennes, ce n'en est pas moins toujours la même dot, sur laquelle les créanciers de la femme ne peuvent et n'ont jamais pu prétendre à aucun droit.

II. — Des différentes hypothèses de transformation de la dot après la dissolution du mariage.

Après avoir ainsi établi d'une façon générale les principes, qui doivent régir la transformation de la dot après la dissolution du mariage au point de vue de la persistance de l'insaisissabilité dotale, il me reste à aborder l'application de ces principes aux différentes hypothèses de transformation de la dot, et à rechercher si, dans telle ou telle hypothèse particulière, il n'existe pas dans la loi une disposition spéciale s'opposant à cette application.

L'on se placera d'abord dans l'hypothèse où la dot, à la dissolution du mariage, consistait en une somme d'argent, soit que la femme se fût constitué en dot une somme d'argent dans son contrat de mariage, soit que cette dot, qui était au début composée de meubles corps certains, ait été convertie en argent au cours du mariage; puis, l'on passera à l'examen de l'hypothèse, où la dot se composait de corps certains, meubles ou immeubles.

§ 1er. — *La dot consiste en une somme d'argent.*

Je suppose tout d'abord que la dot de la femme consistait à la dissolution du mariage en une somme d'argent.

Que cette somme ne puisse être l'objet d'une saisie-arrêt entre les mains du mari ou de ses héritiers, qu'elle ne puisse, lorsqu'elle aura été payée par ceux-ci, être saisie par les créanciers de la femme dotale, c'est un point qui ne peut faire doute, si l'on admet la nullité, en ce qui concerne la dot, des obligations contractées par la femme pendant le mariage.

Mais en est-il de même, lorsque la femme a employé les deniers provenant de sa dot à acquérir un bien meuble ou immeuble? Par exemple la femme a placé sa dot en valeurs de Bourse, ou bien elle l'a employée à l'acquisition d'un immeuble : ces valeurs, cet immeuble devront-ils être considérés comme subrogés aux deniers dotaux, en ce sens que pas plus que ces deniers eux-mêmes, ils ne pourraient être saisis par les créanciers de la femme dotale?

Oui, semble-t-il, puisque nous avons établi que la dot constitue, même après la dissolution du mariage, une universalité juridique, dont le caractère est d'être insaisissable à l'égard des créanciers de la femme dotale dans tous ses éléments mobiliers ou immobiliers, et que la subrogation se produit de plein droit dans les universalités.

Cependant la chambre des requêtes de la Cour de cassation a décidé dans un arrêt du 17 mai 1881 (1) qu'il n'y avait pas en pareil cas subrogation.

Il s'agissait, dans l'espèce qui lui était soumise, d'un mobilier qui avait été acquis, après la dissolution du mariage, par une femme dotale; ce mobilier ayant été saisi par des créanciers, qui avaient contracté avec la femme pendant le mariage, celle-ci poursuivit la nullité de la saisie, en se fondant sur ce que ce mobilier avait été acquis par elle de deniers d'origine dotale, et devait par conséquent être insaisissable au même titre que ces deniers.

La chambre des requêtes, saisie de l'affaire, se prononça sur le rapport de M. le conseiller Barafort pour la validité de la saisie : « Attendu, est-il dit dans l'arrêt, que le régime matrimonial des « époux ne pouvait subsister après la dissolution du mariage, à l'effet « de rendre dotaux et insaisissables divers objets mobiliers, qui « n'étaient devenus la propriété de la femme que postérieurement « à cette dissolution. Attendu..... qu'il est certain en droit que « les choses acquises des deniers dotaux ne sont point dotales, à « moins de clause d'emploi dans le contrat de mariage; et que « les objets litigieux ne sauraient être déclarés dotaux dans l'espèce « où une condition de ce genre n'est pas même alléguée et où « les meubles n'ont été achetés par la femme qu'après la dissolu- « tion du mariage. »

L'on est, du reste, assez embarrassé pour discerner à la lecture de cet arrêt quel est au juste le point de vue auquel s'est placée la Cour de cassation. L'un des motifs pour lesquels elle repousse la subrogation dans l'affaire, qui lui était soumise, c'est que la chose, meuble ou immeuble, qui est acquise par la femme de ses deniers dotaux, ne saurait avoir le caractère de dotalité, alors qu'aucune clause d'emploi ne se trouvait insérée dans le contrat de mariage (art. 1553 du C. civ.); de sorte qu'il est certain que d'après la

(1) D. 1882. I. 110, et S. 1882. I. 293.

Cour les créanciers de la femme peuvent saisir les biens que celle-ci aurait acquis après la dissolution du mariage à l'aide des deniers provenant de sa dot, lorsque le contrat de mariage ne stipulait pas l'emploi de cette dot. Mais, la solution aurait-elle été la même, s'il y avait eu stipulation d'emploi? C'est ce que ne dit pas la Cour de cassation, quoiqu'il paraisse bien cependant que d'après l'arrêt, même dans cette hypothèse, la subrogation n'aurait pas dû être admise, parce que les biens dont il s'agissait n'avaient été achetés par la femme qu'après la dissolution du mariage, et que le mariage dissous on ne pouvait invoquer les conventions matrimoniales à l'effet de donner à ces biens un caractère de dotalité qu'ils n'avaient jamais eu pendant le mariage.

En somme la Cour de cassation, pour repousser la subrogation dans cette hypothèse, paraît s'être appuyée sur deux arguments d'ordre juridique, l'un d'une portée tout à fait générale, l'autre au contraire beaucoup plus spécial.

Quant au premier argument, il consisterait à dire qu'après la dissolution du mariage l'on ne saurait invoquer les conventions matrimoniales à l'effet d'attribuer le caractère de dotalité à des biens nouvellement acquis, et qui, pendant le mariage, n'avaient jamais figuré dans la dot de la femme. C'est cet argument, qui se trouve développé dans le rapport de M. le conseiller Barafort (1) : le conseiller rapporteur fait remarquer que, si l'on voit les effets de la dotalité subsister dans certains cas après la dissolution du mariage, l'inaliénabilité (c'est l'insaisissabilité qu'il faudrait dire) ne subsiste après cette dissolution que sur les biens dotaux, et que l'on ne peut concevoir que des meubles achetés par la femme après le décès de son mari, même de deniers dotaux, puissent avoir le caractère de dotalité.

Si ce raisonnement était exact, il en résulterait que, soit qu'il y eût ou qu'il n'y eût pas stipulation d'emploi dans le contrat de mariage, toute subrogation d'un bien meuble ou immeuble aux deniers dotaux serait impossible après la dissolution du mariage.

Assurément l'argumentation est spécieuse; mais elle repose, je crois, sur une confusion. Il ne s'agit pas du tout, en effet, dans l'hypothèse qui nous occupe, de rendre dotal un bien qui n'est

(1) D. 1882. I. 110.

acquis qu'après la dissolution du mariage : le mariage étant dissous, il n'y a plus de dotalité, il ne peut plus être question de dot au sens propre du mot ; cela est d'évidence. Mais si après la dissolution du mariage on ne peut plus parler de dotalité pour l'avenir, et ceci est incontestable même pour les biens qui étaient dotaux pendant le mariage, il n'en est pas moins vrai que ces biens continuent au regard des créanciers contemporains du mariage à former une universalité, un ensemble de biens, dont le caractère commun est d'échapper à toute saisie émanant de ces créanciers. La question n'est donc pas de savoir si le bien, qui est acquis après la dissolution du mariage de deniers d'origine dotale, peut acquérir par voie de subrogation le caractère de dotalité, ce qui est impossible, puisque ce caractère a disparu dans les deniers eux-mêmes ; ce qu'il faut rechercher, c'est si ce bien peut être considéré comme subrogé aux deniers d'origine dotale, en ce sens que, comme eux, il ne pourra être saisi par les créanciers de la femme. L'argument général, qui était invoqué par le conseiller rapporteur, et qui se trouve reproduit, d'une façon assez peu nette d'ailleurs, dans l'arrêt de la chambre des requêtes, ne paraît donc rien moins que concluant, puisque dans l'espèce il n'est pas question, je le répète, d'attribuer le caractère de dotalité à un bien qui n'est acquis qu'après la mort du mari, puisqu'il s'agit seulement de savoir si le caractère d'insaisissabilité relative des deniers, qui ont servi à l'acquérir, a pu lui être transmis par voie de subrogation.

Il semble bien, du reste, que la Cour de cassation elle-même n'ait pas considéré l'argumentation que je viens de combattre, comme absolument irréfutable, puisqu'elle a jugé utile pour repousser la subrogation dans l'affaire qui lui était soumise, d'invoquer une autre considération d'ordre juridique, savoir que si les biens, que la femme prétendait soustraire à la saisie, avaient été acquis pendant le mariage, ils n'auraient pas été dotaux, puisqu'aucune clause d'emploi n'avait été insérée dans le contrat de mariage et que d'après l'art. 1553 du C. civ., le bien qui est acquis des deniers dotaux n'est pas dotal, à moins de stipulation d'emploi dans le contrat de mariage (1).

(1) L'art. 1553 ne parle que de l'immeuble acquis des deniers dotaux,

BIBLIOTHÈQUE NATIONALE R.F. DÉPÔT LÉGAL IMPRIMÉS

Il suit de là que, pour la solution de notre question, il faudrait faire une distinction, suivant qu'il y aurait eu ou non clause d'emploi dans le contrat de mariage. Dans le premier cas, alors même que l'emploi n'aurait été effectué qu'après la dissolution du mariage, il serait opposable aux créanciers de la femme, et ceux-ci ne pourraient saisir le bien acquis en emploi des deniers dotaux, puisque ce bien leur serait subrogé en vertu d'une disposition légale. Dans le second cas, au contraire, la subrogation serait impossible après comme avant la dissolution du mariage; du moment qu'à défaut d'une stipulation d'emploi dans le contrat de mariage, le bien acquis des deniers dotaux pendant le mariage ne pouvait être dotal, il en serait à plus forte raison de même, lorsque l'acquisition n'aurait été faite qu'après la dissolution du mariage.

Seulement on sait que, lorsque la femme a par suite de la séparation de biens recouvré l'administration et la jouissance de sa dot, si elle a employé les deniers de cette dot en une acquisition de meuble ou d'immeuble, la jurisprudence décide que le bien ainsi acquis, quoiqu'il soit paraphernal en vertu de l'art. 1553 et par suite saisissable par les créanciers de la femme, n'en représente pas moins la dot; d'où la conséquence que la femme aurait droit au prélèvement de sa dot sur le prix par préférence à ses créanciers personnels.

On peut donc se demander si cette théorie de la représentation de la dot par un bien libre pourrait être transportée à l'hypothèse où le bien, au lieu d'avoir été acquis par la femme dotale pendant le mariage, aurait été acquis seulement après sa dissolution; en supposant que ce bien, qui a été acquis à l'aide de valeurs d'origine dotale, puisse être saisi par les créanciers de la femme, celle-ci n'aura-t-elle pas droit au prélèvement de la dot sur le prix par préférence aux créanciers saisissants?

Si je pose la question, c'est qu'on trouve dans un jugement du tribunal de Foix du 23 février 1889 (1) l'affirmation que la juris-

mais la jurisprudence a décidé que ce texte était également applicable aux meubles qui auraient été acquis par la femme des deniers de sa dot. (Rennes, 4 mars 1880, D. 1881. II. 210, et S. 1881. I. 265; — Cass. ch. civ., 27 février 1883, D. 1884. I. 29, et S. 1884. I. 185).

(1) D. 1890. II. 343.

prudence aurait fait l'application fréquente de la théorie de la représentation de valeurs dotales par des paraphernaux au cas de dation par le mari ou par ses héritiers d'un immeuble en paiement de la dot, soit après séparation de biens, soit après dissolution du mariage.

Que la jurisprudence ait fait une application fréquente de cette théorie au cas où le mari, après séparation de biens, aurait abandonné à la femme un immeuble en paiement de sa dot, comme au cas où la femme séparée, après avoir reçu le paiement de sa dot en argent, l'aurait employée en acquisitions d'immeubles, cela est certain, et c'est même la seule hypothèse où cette théorie de la représentation de la dot par des paraphernaux ne soit pas vraiment contestable, au moins dans l'interprétation ordinairement admise d'après laquelle l'art. 1553 du C. civ. serait applicable même après la séparation de biens. Mais que la jurisprudence ait également fait application de cette théorie au cas de dation en paiement d'un immeuble après la dissolution du mariage, c'est là une affirmation quelque peu hasardée; car les recueils de jurisprudence, à ma connaissance du moins, ne mentionnent pas une seule décision rendue dans ce sens en pareille hypothèse.

J'ajoute, du reste, que même théoriquement l'on ne peut songer à recourir à l'application de cette jurisprudence, soit au cas où la femme aurait après la dissolution du mariage reçu de son mari ou des héritiers de celui-ci un immeuble en paiement de sa dot, soit au cas où ayant reçu le paiement de cette dot en argent, elle l'aurait employée ultérieurement en acquisitions de meubles ou d'immeubles. Car si la jurisprudence accorde à la femme le droit de prélever sa dot par préférence à ses créanciers personnels sur le prix des biens acquis par elle en emploi de cette dot après séparation de biens, alors qu'aucune clause d'emploi ne se trouvait dans le contrat de mariage, c'est pour concilier dans la mesure du possible le principe de l'inaliénabilité de la dot mobilière avec le caractère de paraphernalité, qu'elle attribue aux biens acquis à l'aide des deniers dotaux; si elle accorde à la femme un véritable privilège sur les paraphernaux représentant des valeurs dotales, c'est parce qu'il est impossible d'admettre que la femme ait pu, pendant la durée du mariage, faire disparaître sa dot, en l'employant en acquisitions de meubles ou d'immeubles : ce qui arriverait cependant, si ses créanciers pouvaient non seulement saisir les biens ainsi acquis, mais absorber complètement le prix de vente.

Mais s'il en est ainsi tant que dure le mariage, parce que la dot mobilière est inaliénable et ne peut être compromise par aucun acte juridique de la femme, il n'en est plus de même après la dissolution du mariage (1). Comme à partir de ce moment la dot redevient aliénable; si l'on admet qu'en l'absence d'une clause d'emploi dans le contrat de mariage, les biens acquis à l'aide de deniers d'origine dotale ne sont pas subrogés à ces deniers, il n'y a aucune raison sérieuse pour déroger au principe que les biens, qui n'ont pas une origine dotale ou qui ne sont pas subrogés à ceux-ci, forment le gage des créanciers de la femme; puisque la femme est désormais libre de dissiper sa dot, rien n'empêche, dans cette solution, qu'elle l'ait compromise par l'emploi qu'elle a fait de ses deniers dotaux.

Au reste il ne me semble pas que l'art. 1553 du C. civ. fasse obstacle à ce que l'on considère les biens acquis après la dissolution du mariage en emploi des deniers dotaux de la femme comme insaisissables au regard des créanciers contemporains du mariage au même titre que les deniers dotaux eux mêmes.

D'abord il n'est nullement prouvé que ce texte vise l'hypothèse où la femme, ayant recouvré l'administration et la jouissance de sa dot, réalise une acquisition à l'aide de ses deniers dotaux. On peut très bien soutenir qu'il n'a en vue que l'hypothèse normale du régime dotal pur, où la dot étant entre les mains du mari, c'est celui-ci qui réalise l'acquisition.

L'art. 1553 du C. civ. en effet, a été rédigé dans le but de mettre fin à la controverse, qui s'était élevée dans notre ancien droit sur le point de savoir si le fonds acquis des deniers dotaux ou donné en paiement de la dot constituée en argent, était affecté de dotalité, et nos anciens auteurs, lorsqu'ils discutaient cette question, se plaçaient toujours dans l'hypothèse où l'acquisition

(1) Du reste, lorsqu'il a pris naissance pendant le mariage, le privilège de la femme sur les paraphernaux qui représentent sa dot peut être exercé par elle même après la dissolution du mariage (Toulouse, 13 mars 1890; D. 1890. II. 343).

avait été faite par le mari (1) ; de sorte que l'art. 1553 aurait cette signification toute simple que l'immeuble acquis par le mari des deniers provenant de la dot de la femme est la propriété du mari, comme les deniers dotaux eux-mêmes : puisque le mari, qui a la jouissance de la dot, est par là même propriétaire des deniers dotaux, puisque ceux-ci, dont le mari a le quasi-usufruit, sont entrés dans son patrimoine, il était conforme aux principes que l'immeuble, qui serait acquis de ces deniers, fût la propriété du mari. Alors même que la disposition de l'art. 1553 n'existerait pas, ce serait la solution, qui devrait être adoptée par application des principes mêmes du droit commun.

Dans cette interprétation l'art. 1553 du C. civ. serait étranger à l'hypothèse, où la femme, ayant repris l'administration et la jouissance de sa dot, aurait elle-même acquis un bien de ses deniers dotaux ; ce qui pourrait se présenter pendant le mariage, au cas où le régime dotal aurait été modifié par la séparation de biens. Par suite, étant donné que la dot est une universalité juridique, le bien acquis des deniers dotaux par la femme séparée se trouverait subrogé de plein droit à ces deniers et aurait comme eux le caractère de dotalité (2), alors même qu'aucune clause d'emploi n'aurait été insérée dans le contrat de mariage.

Or, comme nous avons vu que le caractère d'universalité juridique de la dot persiste après la dissolution du mariage à l'égard des créanciers de la femme, il n'y aurait aucune difficulté à admettre la subrogation aux deniers provenant de la dot des biens, qui auraient été acquis après la dissolution du mariage à l'aide de ces deniers.

Mais il faut bien reconnaître que si cette interprétation de l'article 1553 pourrait parfaitement se soutenir en théorie, elle est absolument repoussée par une jurisprudence aujourd'hui constante.

La jurisprudence décide que la disposition de l'art. 1553 est applicable même après séparation de biens, de sorte que l'immeuble ou, d'une façon plus générale, le bien, qui serait acquis par

(1) Despeisses, *Traité des contrats*, tit. XV, sect. III, nos 11 et 82. — Salviat, *Jurisprudence du Parlement de Bordeaux*, au mot *Dot*, n° 12.

(2) Rodière, S. 1870. I. 285, en note.

la femme de ses deniers dotaux en l'absence d'une clause d'emploi dans le contrat de mariage, serait d'après elle un paraphernal; seulement, comme ce paraphernal représente la dot, s'il venait à être saisi par les créanciers de la femme, celle-ci aurait le droit de prélever sa dot sur le prix par préférence aux créanciers saisissants.

Ce système, qui est un palliatif aux solutions rigoureuses, qui devraient se déduire de l'extension de l'inaliénabilité dotale à la dot mobilière, a l'avantage pratique de permettre à la femme séparée de modifier au mieux de ses intérêts l'emploi qu'elle aura fait de sa dot, tout en mettant cette dot à l'abri de la saisie des créanciers envers lesquels la femme se serait obligée; il a, en outre, l'avantage d'assurer dans une certaine mesure la sécurité des tiers, puisque le tiers acquéreur du bien acquis par la femme séparée en emploi de sa dot, aura acquis valablement, ce qui n'aurait pas lieu, s'il s'agissait d'un bien dotal. Au point de vue économique, au point de vue des tiers, la solution de la jurisprudence peut donc paraître préférable.

Mais alors, si l'art. 1553 du C. civ. est applicable aux acquisitions faites par la femme, il s'oppose, semble-t-il, d'une manière irréfragable à ce que les biens, qui après la dissolution du mariage auraient été acquis de deniers d'origine dotale, puissent, en l'absence d'une clause d'emploi dans le contrat de mariage, être considérés comme insaisissables au regard des créanciers contemporains du mariage au même titre que les deniers dotaux eux-mêmes.

Je ne le crois pas cependant; car en définitive, après la dissolution du mariage, il n'y a plus à tenir compte de dispositions légales qui avaient seulement pour objet de poser les règles relatives à l'emploi de la dot pendant la durée du mariage.

Quel est d'ailleurs, dans l'interprétation de la jurisprudence, le but de l'art. 1553 du C. civ., lorsqu'il empêche de substituer un bien meuble ou immeuble, corps certain, aux deniers dotaux de la femme? C'est de protéger dans la mesure du possible les intérêts des tiers, qui après cette substitution pourraient traiter avec la femme; car l'inaliénabilité de la dot a des effets absolument différents, lorsqu'il s'agit d'une somme d'argent ou de corps certains, meubles ou immeubles.

S'agit-il d'une somme d'argent, elle n'est pas à proprement parler inaliénable dans le sens où ce mot indique une indisponibilité ; les deniers de la dot étant destinés même après la séparation de biens à subvenir aux charges du mariage, il est bien évident que la femme doit avoir le droit de faire tous les actes juridiques nécessaires pour en tirer un revenu, et, par conséquent, doit avoir le droit d'en transférer la propriété à des tiers, puisque, pour faire fructifier une somme d'argent, il faut de toute nécessité l'aliéner. Ce droit pour la femme résulte de la nature même des choses ; il serait absurde de considérer les deniers dotaux comme inaliénables exactement dans les mêmes termes que les autres biens dotaux : s'ils étaient indisponibles comme ceux-ci, cela entraînerait l'impossibilité pour la femme d'en tirer aucun revenu.

S'agit-il au contraire de corps certains, c'est par une indisponibilité véritable que se traduit l'inaliénabilité dotale : tout acte juridique par lequel la femme en transférerait la propriété à un tiers est radicalement nul.

On conçoit donc très bien que l'on ne permette pas de substituer pendant le mariage à la somme d'argent, qui avait été constituée en dot, des biens meubles ou immeubles, qui seraient considérés comme dotaux, puisque ce serait aggraver à l'encontre des tiers les effets de l'inaliénabilité dotale : les tiers, qui savaient d'après le contrat de mariage que la femme s'était constituée en dot une somme d'argent et non pas un immeuble, pouvaient très légitimement penser que l'immeuble, acquis par elle en emploi de cette dot, était un bien libre, et que par conséquent ils pouvaient valablement l'acquérir.

Maintenant s'il y a un intérêt légitime et certain pour les tiers, qui traiteront avec la femme après l'acquisition faite par elle en emploi de sa dot, à ce que le bien ainsi acquis ne soit pas considéré comme dotal, il n'en est plus de même pour les tiers, qui auraient traité avec la femme antérieurement à cette acquisition. Ceux-ci savaient fort bien d'après le contrat de mariage lui-même qu'ils n'avaient pas à compter sur les deniers dotaux. Les créanciers de la femme antérieurs à l'acquisition ne devaient pas ignorer que les deniers de la dot ne pouvaient être saisis par eux : dès lors peu leur importerait que le bien acquis en emploi de la dot fût considéré comme dotal; leur situation ne serait en rien aggravée, puisque les deniers dotaux étaient eux-mêmes insaisissables.

S'il ne s'était agi que de la situation des créanciers antérieurs à l'acquisition, il n'y aurait donc eu, je crois, aucune hésitation à avoir : il aurait fallu considérer les biens acquis des deniers dotaux comme subrogés au caractère dotal de ceux-ci.

Mais comme, d'autre part, il y avait à tenir compte avant tout de l'intérêt des tiers, qui viendraient à traiter avec la femme après l'acquisition, on a décidé que les biens ainsi acquis seraient paraphernaux, avec, du reste, ce tempérament considérable qu'au cas de saisie la femme aurait droit au prélèvement de sa dot sur le prix par préférence à ses créanciers personnels, et ceci sans qu'il y ait lieu de distinguer entre les créanciers antérieurs ou postérieurs à l'acquisition.

Si donc l'art. 1553 du C. civ., dérogeant au principe que dans les universalités juridiques la subrogation réelle se produit de plein droit, s'oppose, dans l'interprétation de la jurisprudence, à ce qu'une dot pécuniaire soit tranformée en une dot de corps certains, c'est uniquement dans l'intérêt des tiers, qui, après cette transformation, contracteraient avec la femme.

Mais si cet intérêt existe, tant que dure le mariage, la situation change forcément après sa dissolution. Désormais les biens, qui étaient dotaux pendant le mariage, redeviennent de libre disposition, et il n'y a plus par conséquent à s'inquiéter de l'intérêt des tiers, qui, dans l'avenir, pourront traiter avec la femme.

Restent seulement les créanciers envers lesquels la femme s'est obligée au cours du mariage, et par suite antérieurement à l'acquisition faite par elle en emploi des deniers provenant de sa dot; comme, ainsi que je l'ai déjà dit, la disposition de l'art. 1553 n'a pas été faite dans leur intérêt, il n'y a plus lieu de l'appliquer, et il faut décider conformément au principe de droit commun, d'après lequel la subrogation se produit de plein droit dans les universalités juridiques, que les biens, qui ont été acquis de deniers d'origine dotale après la dissolution du mariage, sont insaisissables au regard des créanciers contemporains du mariage au même titre que ces deniers eux-mêmes. Puisque les motifs, qui ont dicté la disposition de l'art. 1553, dans l'interprétation que lui donne la jurisprudence, n'ont plus de raison d'être, il n'y a plus lieu d'appliquer cette disposition exceptionnelle après la dissolution du mariage.

En pareil cas, du reste, il ne s'agit pas de faire considérer comme dotaux les biens acquis en emploi de deniers d'origine dotale, ce qui serait impossible, puisque la dotalité a disparu dans les deniers eux-mêmes; il s'agit simplement de savoir, si les biens ainsi acquis seront subrogés au caractère d'insaisissabilité relative des deniers : de telle sorte que l'on peut dire que l'art. 1553, qui règle une question de subrogation au caractère de dotalité, est étranger à notre question.

Je crois donc en résumé qu'on peut fort bien décider au point de vue juridique que les biens, meubles ou immeubles, qui ont été acquis par la femme après la dissolution du mariage en emploi des deniers provenant de sa dot, ne peuvent pas plus que ces deniers eux-mêmes être saisis par les créanciers contemporains du mariage, et cela sans qu'il y ait lieu de distinguer selon qu'il y avait ou non clause d'emploi dans le contrat de mariage.

Cette solution est d'ailleurs la seule, qui, au point de vue pratique, corresponde à la conception actuelle du régime dotal.

Le régime dotal, il ne faut pas l'oublier, a non seulement pour but de donner satisfaction aux intérêts communs des époux, tant que dure le mariage, mais aussi, comme on en faisait la remarque au début de cette étude, d'assurer à la femme et aux générations issues de son union un patrimoine intact, à l'abri des fautes qui ont pu être commises au cours du mariage, et leur permettant de faire face aux nécessités de l'avenir. Or, pour que ce but puisse être atteint, il faut bien permettre à la femme et à ses héritiers d'employer au mieux de leurs intérêts les deniers provenant de la dot, et cela sans avoir à craindre la saisie des créanciers, qui avaient contracté avec la femme pendant le mariage; autrement l'on arriverait à ce résultat que, pour soustraire les deniers dotaux aux poursuites de ces derniers, ils devraient se résigner à n'en pas faire emploi et à les conserver sans en tirer aucun revenu, sauf à vivre sur le capital.

J'ajoute que souvent en pratique la femme est obligée, pour recouvrer sa dot après la dissolution du mariage, de se porter adjudicataire des immeubles du mari, qui, sans cela, seraient vendus à des tiers pour un prix dérisoire; un emploi immobilier s'impose alors à elle de toute nécessité, sous peine de perdre la majeure partie de sa dot.

Décider en pareil cas qu'il n'y a pas subrogation de l'immeuble aux deniers d'origine dotale, qui ont servi à l'acquérir, c'est mettre la femme dans cette alternative également fâcheuse, ou bien d'acquérir l'immeuble du mari pour arriver au recouvrement de sa dot, sauf à s'en voir dépouiller aussitôt par ses créanciers, ou bien pour éviter ce résultat et conserver tout au moins une partie, si minime soit-elle, de sa dot, de laisser adjuger cet immeuble à un tiers pour un prix bien inférieur à sa valeur réelle; de telle sorte que si elle prend ce dernier parti, et elle n'y manquera pas avec la doctrine de la Cour de cassation, non seulement elle perdra une partie de sa dot, mais ses créanciers ne seront pas plus payés que si l'immeuble eût été acquis par elle, et qu'il eût été déclaré insaisissable comme subrogé à des deniers d'origine dotale.

Résultat : perte pour la femme, identité de situation pour les créanciers, qui ne toucheront rien, et tout profit pour les tiers acquéreurs de l'immeuble du mari, qui n'auront pas à craindre la concurrence de la femme lors de l'adjudication.

Est-ce là une solution bien satisfaisante? Il est permis d'en douter, et de penser que la Cour de cassation, qui cependant n'a pas hésité, dans l'intérêt de la famille tout entière, à déclarer la dot mobilière inaliénable, aurait dû, pour ne pas laisser son œuvre inachevée, dénier le droit de saisie aux créanciers de la femme sur les biens acquis après la dissolution du mariage en emploi de deniers d'origine dotale; autrement l'on arrive à détruire pour ainsi dire toute l'économie du système de la dotalité.

§ 2. — *La dot se compose de corps certains.*

Il se peut maintenant qu'à la dissolution du mariage la dot se compose de corps certains, meubles ou immeubles.

1° Il se pose alors une première question, celle de savoir si les créanciers contemporains du mariage pourront saisir le prix de ces biens, en supposant qu'ils aient été aliénés après la dissolution du mariage par la femme ou par ses héritiers.

Ici il paraît bien qu'il ne peut y avoir aucune difficulté à admettre la subrogation du prix au bien aliéné ; non seulement cette subrogation n'est que l'application du principe général d'après lequel la subrogation réelle se produit de plein droit dans les universalités juridiques, en ce sens que, quand une chose comprise dans une universalité est aliénée à titre onéreux, la valeur reçue en échange est considérée comme prenant dans l'universalité la place, qui y était occupée par la chose aliénée ; non seulement nous ne rencontrons plus ici la disposition restrictive de l'art. 1553 du C. civ., telle qu'elle est interprétée par la jurisprudence, disposition qui, dans l'hypothèse d'une dot en deniers, pouvait faire hésiter à appliquer la règle générale de la subrogation dans les universalités, mais encore la loi elle-même applique ce principe pendant la durée du mariage dans les hypothèses où par exception les immeubles dotaux peuvent être aliénés : c'est ainsi qu'aux termes de l'art. 1558 du C. civ., lorsque l'immeuble dotal aura été aliéné pour une des causes que prévoit ce texte, ce qui restera du prix, après la satisfaction de l'intérêt qui aura motivé l'aliénation, sera dotal. Il semble donc qu'il n'y ait, aussi bien après la dissolution du mariage que pendant sa durée, qu'à appliquer la règle de la subrogation du prix aux choses dotales, qui ont été aliénées.

C'est pourtant en faveur du droit de saisie des créanciers de la femme que se sont en général prononcées les rares décisions judiciaires, qui aient été rendues sur ce point. On peut citer dans ce sens un arrêt de la cour de Paris du 9 juin 1856, confirmant un jugement du tribunal de la Seine du 21 juin 1855 (1).

D'après cet arrêt l'insaisissabilité dotale ne pourrait être opposée aux créanciers qu'autant qu'il s'agirait des biens dotaux eux-mêmes ; au contraire, si ces biens avaient été aliénés après la dissolution du mariage, le prix pourrait être librement saisi par les créanciers de la femme.

Quant à la raison d'être de cette décision, il semble que ce soit la suivante : le prix des biens dotaux aliénés après la dissolution du mariage serait saisissable par les créanciers de la femme, parce que les effets de la dotalité ne persisteraient après la disso-

(1) D. 1856. II. 232, et S. 1586. II. 330.

lution de l'union conjugale qu'autant que les biens dotaux subsisteraient en nature. L'obstacle que la qualité du bien dotal opposait aux poursuites ayant disparu par suite de l'aliénation, l'on ne saurait, à défaut d'une disposition légale établissant la subrogation du prix à la chose dotale aliénée, étendre à ce prix l'insaisissabilité, qui persistait à l'égard de la chose.

Seulement l'arrêt paraît bien n'admettre le droit de saisie des créanciers de la femme qu'autant qu'il s'agirait d'une vente volontaire, qu'autant que la femme ou ses héritiers auraient aliéné le bien dotal spontanément et de leur plein gré ; ce qui exclurait au contraire la saisie dans l'hypothèse d'une aliénation qui n'aurait pas été libre, par exemple, au cas où la femme ayant plusieurs héritiers leur a laissé un immeuble dotal non partageable en nature : en pareil cas, les héritiers se trouvant forcés de procéder à la licitation pour sortir de l'indivision, les créanciers de la femme, si l'on s'en tient aux termes de l'arrêt de la Cour de Paris, ne pourraient saisir le prix.

A ce point de vue un jugement du tribunal de Louviers (1) du 26 janvier 1867 donne une solution beaucoup plus radicale; car il décide d'une façon générale, et sans qu'il y ait lieu de distinguer selon que l'aliénation a été ou non volontaire, que les créanciers de la femme ont le droit de saisir le prix des biens dotaux aliénés après la dissolution du mariage. L'hypothèse, sur laquelle le tribunal de Louviers a eu à statuer, est celle où la femme dotale ayant plusieurs héritiers, ceux-ci ont été obligés, pour sortir de l'indivision, d'aliéner l'immeuble dotal qui se trouvait dans sa succession, immeuble qui dans l'espèce n'était pas partageable en nature. Bien que l'aliénation fût alors une nécessité pour les héritiers de la femme, s'ils voulaient sortir de l'indivision, le tribunal de Louviers a décidé que même dans cette hypothèse, et contrairement à la doctrine qui résultait des considérants de l'arrêt précité de la Cour de Paris, le prix du bien dotal pouvait être saisi par les créanciers contemporains du mariage.

Il est certain, en effet, qu'étant admis le principe que l'insaisissabilité relative de la dot ne persiste après la dissolution du

(1) D. 1867. III. 29.

mariage qu'autant que les choses restent en l'état, qu'autant que les biens qui constituaient la dot pendant le mariage subsistent en nature dans le patrimoine de la femme ou de ses héritiers, il n'y a pas de motif juridique pour distinguer, suivant qu'il s'agit ou non d'une aliénation volontaire.

Aussi bien ce prétendu principe lui-même doit-il d'après moi être écarté, quoique aux yeux de certains auteurs il paraisse être d'évidence (1).

Il ne faut pas oublier, en effet, qu'au regard de la dot la situation des créanciers de la femme reste en principe après la dissolution du mariage ce qu'elle était auparavant. Or, il est certain que dans tous les cas où les biens dotaux peuvent exceptionnellement être aliénés pendant le mariage, le prix est considéré comme prenant la place du bien dotal aliéné, et comme étant par suite insaisissable par les créanciers de la femme au même titre que lui. Sans doute c'est là une situation de nature à se présenter rarement, à moins bien entendu que les immeubles dotaux n'aient été stipulés aliénables avec ou sans remploi, parce que la dot dans le système de la loi est inaliénable et non pas seulement insaisissable; de telle sorte que le principe d'inaliénabilité formulé par l'art. 1554 rendra en général toute transformation de la dot immobilière impossible pendant la durée du mariage (2), et que le plus souvent la question ne saurait même se poser. Mais après la dissolution de l'union conjugale la situation change forcément, puisque désormais les biens dotaux redeviennent aliénables; à partir de ce moment il ne subsiste plus qu'un seul des effets résultant de l'adoption du régime dotal, à savoir l'insaisissabilité de la dot au regard des créanciers contemporains du mariage : et dès lors l'on conçoit qu'à la différence de ce qui a lieu pendant le mariage on puisse avoir à rechercher si le prix du bien dotal aliéné doit être considéré comme insaisissable au même titre que le bien dotal lui-même. Comme par rapport à la dot la situation des créanciers reste après la dissolution du mariage ce qu'elle

(1) Jouitou, *Étude sur le système du régime dotal*, n° 168

(2) Bien entendu je ne parle pas de la dot mobilière, car on sait qu'en ce qui la concerne la règle de l'inaliénabilité n'est pas comprise de la même façon que pour les immeubles dotaux.

était auparavant, il faut alors appliquer la règle d'après laquelle toutes les fois qu'un bien dotal peut être aliéné, le prix de ce bien lui est subrogé.

En réalité l'argument décisif, dans l'opinion qui repousse en pareil cas la subrogation, c'est que l'on ne saurait admettre de subrogation réelle en dehors d'un texte de loi. Or, s'il est des textes, qui pendant la durée du mariage considèrent comme dotal le prix d'un bien dotal, qui exceptionnellement aura pu être aliéné, il n'en est pas au contraire qui prévoient la situation d'un bien dotal aliéné après la dissolution de l'union conjugale.

Mais, si l'on voulait se montrer à ce point rigoureux, on pourrait remarquer également que s'il n'y a pas de subrogation réelle en dehors d'un texte de loi, il n'y a pas non plus d'insaisissabilité à défaut de disposition légale pour la justifier; de telle sorte que le Code ne disant nulle part que les biens dotaux ne peuvent être saisis par les créanciers de la femme même après la dissolution du mariage, il faudrait en conclure que du jour de cette dissolution les créanciers recouvrent leur droit de saisie, dont l'exercice se trouvait seulement paralysé pendant le mariage.

Cependant nous avons vu que la jurisprudence, se fondant sur le but du régime dotal, qui est d'assurer aux époux et à la famille nouvelle qu'ils vont créer, un patrimoine intact, à l'abri des fautes, qui ont pu être commises au cours du mariage, n'avait pas hésité à admettre la persistance d'une insaisissabilité relative de la dot même après la dissolution du mariage. Or, c'est cette même considération du but auquel correspond l'institution du régime dotal, qui doit, au point de vue de la question spéciale, qui nous occupe, amener à refuser aux créanciers de la femme le droit de saisir le prix du bien dotal aliéné après la dissolution du mariage.

Sans doute cette subrogation du prix à la chose aliénée ne se trouve établie expressément dans notre hypothèse par aucun texte de loi; mais, de même que de la disposition de l'art. 1554, qui cependant ne se place que pendant la durée du mariage, l'on a déduit la règle de l'insaisissabilité de la dot au regard des créanciers de la femme même après la dissolution du mariage, de même on doit appliquer dans notre hypothèse le principe de la subrogation du prix aux choses dotales aliénées, principe qui se trouve posé pour la durée du mariage par l'art. 1558 du C. civ.

Ce principe n'est d'ailleurs, c'est du moins ce que j'ai essayé d'établir, qu'une application de la règle générale d'après laquelle dans les universalités juridiques la subrogation réelle se produit de plein droit, en ce sens que, quand une chose comprise dans une universalité est aliénée à titre onéreux, la valeur reçue en échange est considérée comme prenant dans l'universalité la place qui y était occupée par la chose aliénée (1).

Du moment qu'après la dissolution du mariage la dot subsiste à l'égard des créanciers de la femme, qui ne peuvent faire porter leur droit de saisie sur aucun de ses éléments mobiliers ou immobiliers, il faut continuer à appliquer la règle de la subrogation dans les universalités ; dès lors le prix du bien dotal aliéné sera considéré comme prenant dans la dot la place de ce bien, et par conséquent ne pourra être saisi par les créanciers de la femme, puisque c'est là le caractère commun, qui appartient à tous les éléments mobiliers ou immobiliers de cet ensemble de biens, qui pendant le mariage constituaient la dot de la femme.

Cette solution, qui, d'après moi, est juridiquement exacte (2), est, en outre, et c'est là une considération d'importance capitale, la seule qui soit absolument satisfaisante au point de vue pratique.

Dans l'opinion contraire, en effet, l'on arrive à ce résultat fâcheux au point de vue économique de substituer après la dissolution du mariage à l'inaliénabilité de droit, qui existait auparavant, une sorte d'indisponibilité de fait. Par cela seul que la femme dotale aura contracté des obligations, elle se trouvera, ainsi que ses héritiers, dans l'impossibilité de fait de procéder au mieux de ses intérêts à la gestion de cette partie de son patrimoine qui pendant le mariage

(1) En ce sens, M. Labbé, *Revue critique de législation et de jurisprudence*, t. IX, p. 1 et suiv., n°s 28 à 31.

(2) En ce sens : Douai, 27 juillet 1853, D. 1854. II. 234, et S. 1854. II. 182. — Guillouard, *Contrat de mariage*, t. IV, n° 2082. — Aubry et Rau, *Droit civil français*, t. V, § 538, p. 608, texte et note 15. — Bellot des Minières, *Régime dotal et communauté d'acquêts*, t. II, n°s 1152 et suiv.

constituait sa dot; sans doute aucun texte de loi ne prohibera ici l'aliénation, mais la femme ou ses héritiers sauront que, s'ils y procèdent, ce sera pour voir les créanciers s'emparer immédiatement du prix.

Si, par exemple, la dot de la femme se composait de valeurs de Bourse, qu'il serait utile de vendre sans retard pour éviter une perte presque complète, la femme ou ses héritiers n'auront d'autre alternative que de conserver ces valeurs, au risque de perdre la presque totalité de la dot, ou de les vendre avec la certitude de voir absorber le prix par les créanciers; de telle sorte que se trouvant en présence de cette certitude que, s'ils vendent les titres, le prix en soit absorbé par les créanciers, il est à croire qu'ils préféreront sans doute les conserver, sauf à courir les risques de perte. Les créanciers n'y gagneront certainement rien, mais on voit bien au contraire ce qu'y pourra perdre la femme.

De même en supposant que la femme se fût constitué en dot non plus des valeurs mobilières, mais un immeuble, un vignoble par exemple, ou une usine dont le mari devait avoir la direction pendant le mariage, si après la dissolution de celui-ci la femme ou ses héritiers ne sont pas en situation, pour une cause ou pour une autre, de diriger eux-mêmes l'exploitation de ce vignoble ou de cette usine, ils seront obligés d'en confier la direction à des tiers, alors même, ce qui sera le cas le plus ordinaire, qu'il serait plus avantageux de procéder à la vente. Il vaudrait mieux en pareil cas vendre l'immeuble, afin d'éviter une exploitation laissée à des tiers, et par conséquent dirigée avec moins d'activité en même temps que plus coûteuse; la vente serait à désirer au point de vue économique, mais en fait la femme ou ses héritiers ne pourront y procéder, parce qu'en le faisant ils se mettraient à la discrétion de leurs créanciers.

Enfin, en supposant que le mariage soit dissous par le prédécès de la femme, dont la dot consistait en un immeuble par hypothèse non partageable en nature, on arrivera à ce résultat, s'il y a plusieurs héritiers, qu'ils seront en fait obligés de rester indéfiniment dans l'indivision, puisque s'ils vendaient l'immeuble, ce serait pour eux le moyen infaillible de ne rien conserver de la succession de la femme. C'est là encore un côté fâcheux de la doctrine, qui se refuse à considérer le prix du bien dotal comme insaisissable au même titre que ce bien lui-même, puisqu'elle aboutit à prolonger indéfiniment l'état d'indivision, qui cependant présente les plus graves inconvénients.

Il se pourra d'ailleurs que la femme ou ses héritiers ne puissent, alors même qu'ils le voudraient, conserver les bénéfices de la dotalité à l'égard des créanciers contemporains du mariage. Il suffit pour cela de supposer qu'à côté de ces derniers il y a des créanciers personnels des héritiers, ou d'une façon plus générale des créanciers auxquels on ne peut opposer le privilège de la dotalité ; si l'un de ces créanciers, quoique ayant une créance dont le montant est de beaucoup inférieur à la valeur du bien dotal, procède à la saisie de ce bien, rien n'empêchera les créanciers contemporains du mariage de saisir l'excédant du prix d'adjudication ; de sorte que voilà des créanciers, qui n'auraient pas eu eux-mêmes le droit de saisie, et qui cependant, par le fait seul de la présence d'autres créanciers, arriveront à obtenir le paiement de leur créance. Il est certain que se serait là un résultat bien singulier (1).

2° Que si l'on dénie aux créanciers de la femme dotale le droit de saisir le prix des biens dotaux, qui auraient été aliénés après la dissolution du mariage, il se pose alors une dernière question, celle de savoir si, en supposant que d'autres biens aient été acquis à l'aide de ce prix, les créanciers n'auront pas tout au moins le droit de procéder à la saisie de ces biens.

Dans ce cas encore, et bien que la question soit à peine examinée par les auteurs, je n'hésiterai pas à refuser le droit de saisie aux créanciers de la femme dotale. Je ne puis, du reste, que renvoyer sur ce point aux développements, qui ont été donnés plus haut relativement à l'hypothèse où la dot consistant à la dissolution du mariage en une somme d'argent, les deniers provenant de cette dot auraient été employés à acquérir un bien, meuble ou immeuble. Dans les deux cas, en effet, on se trouve après la dissolution du mariage en présence d'une somme d'argent insaisissable,

(1) Ce résultat serait d'ailleurs évité dans la doctrine de l'arrêt de la Cour de Paris du 9 juin 1856 (D. 1856. II. 232, et S. 1856. II. 330), qui distingue selon qu'il s'agit d'une aliénation volontaire ou forcée.

et il s'agit de savoir si les biens, qui auraient été acquis à l'aide de cette somme, devront être considérés comme lui étant subrogés. Ici même l'hypothèse est plus favorable, car pendant le mariage, dans les cas exceptionnels où les immeubles dotaux peuvent être aliénés, la loi décide que les biens, qui sont acquis en remploi à l'aide du prix, sont dotaux comme le prix lui-même; c'est toujours, après la dissolution du mariage comme pendant sa durée, l'application de la règle générale de la subrogation dans les universalités : puisque pour les créanciers de la femme la dot subsiste après la dissolution du mariage, puisqu'elle continue à leur égard à constituer une universalité distincte du patrimoine de la femme ou de ses héritiers, il faut décider que les biens, qui auraient été acquis à l'aide du prix d'un bien d'origine dotale, sont insaisissables au même titre que ce prix lui-même.

Que l'on n'objecte pas (1) que le remploi ne saurait dotaliser des biens, qui n'ont été acquis qu'après la dissolution du mariage, qu'il ne peut s'appliquer qu'aux biens acquis pendant la durée du mariage; car il s'agit seulement de savoir, non pas si le bien ainsi acquis sera dotal, ce qui est impossible, puisque le mariage est dissous, mais s'il peut être considéré comme subrogé au prix d'un bien d'origine dotale, en ce sens que comme ce prix il ne pourrait être saisi par les créanciers de la femme. D'ailleurs il faut encore remarquer ici que ces derniers n'ont pas à se plaindre de cette subrogation, qui ne modifie en rien leur situation; puisqu'ils n'avaient aucun droit sur la dot, ils n'ont pas qualité pour s'occuper des actes, qui ont pu être faits par la femme ou par ses héritiers dans la gestion de cette dot. Tout ce qu'ils peuvent demander, c'est que l'on ne fasse pas passer dans la dot des valeurs provenant du. patrimoine libre de la femme; or, précisément nous avons supposé qu'il s'agissait, d'une façon certaine, de biens qui, auraient été acquis à l'aide de valeurs d'origine dotale, de sorte que la situation des créanciers contemporains du mariage reste après l'acquisition ce qu'elle était auparavant,

Je ne sache pas, du reste, que la question ait jamais encore été

(1) Bellot des Minières, *Régime dotal et communautés d'acquêts*, t. II, n° 1152.

tranchée par les tribunaux, au moins dans les termes exacts, où elle a été posée. Mais, on peut citer dans le sens de l'opinion qui a été défendue, un arrêt de la cour de Caen du 16 août 1855 (1), qui, dans l'hypothèse où un immeuble dotal, déclaré aliénable sous condition de remploi dans le contrat de mariage, a été aliéné non plus aprés la dissolution du mariage, mais pendant sa durée, décide que la condition de remploi nécessaire pour la validité de cette aliénation peut se réaliser après la dissolution du mariage.

La Cour de Caen admet qu'un bien, qui n'est acquis qu'après la dissolution du mariage, peut cependant être subrogé au caractère d'insaisissabilité relative des deniers, qui ont servi à l'acquérir; car, pour admettre la possibilité du remploi, lorsque le mariage est dissous, elle se fonde notamment sur ce que le bien acquis en remploi représentera exactement le bien dotal, qui avait été aliéné, en ce sens que comme celui-ci il ne pourra être soumis à l'exécution des obligations contractées par la femme pendant le mariage.

« Considérant, est-il dit dans l'arrêt de la Cour de Caen, que « vainement on objecte que l'immeuble fourni après la dissolution « du mariage ne pourra pas revêtir le caractère de la dotalité et « satisfaire sous ce rapport aux conditions du contrat de mariage, « parce que si le remploi opéré n'est pas à proprement parler « dotal, en ce sens que désormais et à l'avenir il sera aliénable, il « n'en jouira pas moins pour le passé et en ce qui concerne les « obligations contractées pendant le mariage, de toutes les préro- « gatives attachées à l'immeuble dotal; que, représentant par « subrogation réelle une valeur dotale, le remploi sera comme elle « à l'abri des dettes contractées pendant le mariage, et qu'ainsi la « femme trouvera réellement au moment de sa dissolution un « immeuble de la valeur de celui qu'elle s'était constitué en dot. »

On sait que cette question de la possibilité du remploi après la dissolution du mariage est discutée soit en doctrine, soit en jurisprudence. Mais, quoique les arrêts qui se prononcent pour ou contre ne se placent pas généralement au point de vue de la question de subrogation, et se décident d'après d'autres motifs, c'est cependant le point capital dans la discussion, et il est certain d'après moi que

(1) *Jurisprudence des Cours de Rouen et de Caen*, 1855. II. 311.

l'on ne saurait admettre la possibilité du remploi, si l'on se refuse à décider qu'un bien, qui n'est acquis qu'après la dissolution du mariage, puisse être subrogé au caractère d'insaisissabilité de la dot (1).

(1) Aubry et Rau, *Cours de droit civil français*, t. V, § 537, p. 580 et 581, texte et note 86. — Guillouard, *Contrat de mariage*, t. IV, n° 1972, p. 284 et 285.

BIBLIOTHÈQUE NATIONALE R.F. IMPRIMÉS

Paris. — Imp. F. PICHON, 282, rue Saint-Jacques, et 24, rue Soufflot.

www.ingramcontent.com/pod-product-compliance
Ingram Content Group UK Ltd.
Pitfield, Milton Keynes, MK11 3LW, UK
UKHW020458230726
13925UKWH00005B/2024

9 782014 095777